어른들이 읽는 동시집

봄날이 왔네요

봄날이 왔네요
어른들이 읽는 동시집

초판 1쇄 발행 2022년 3월 10일

지은이 박종덕
삽화가 이승호
펴낸이 장길수
펴낸곳 지식과감성#
출판등록 제2012-000081호

교정 김우연
디자인 이건영
편집 이건영, 박예은
검수 백승은, 이현
마케팅 고은빛, 정연우

주소 서울시 금천구 벚꽃로298 대륭포스트타워6차 1212호
전화 070-4651-3730~4
팩스 070-4325-7006
이메일 ksbookup@naver.com
홈페이지 www.knsbookup.com

ISBN 979-11-392-0369-1(03810)
값 12,000원

- 이 책의 판권은 지은이에게 있습니다.
- 이 책 내용의 전부 또는 일부를 재사용하려면 반드시 지은이의 서면 동의를 받아야 합니다.
- 잘못된 책은 구입하신 곳에서 바꾸어 드립니다.

지식과감성#
홈페이지 바로가기

종덕 동시
승호 표지화·삽화

어른들이 읽는 동시집
봄날이 왔네요

지식과감정

추천사

　교정 가득 아이들의 웃음소리로 시끌벅적했던 나의 모교 대서중학교는 우리나라 가장 남쪽 바닷가 시골 학교입니다.
　봄이면 개나리와 진달래, 살구꽃이 피고, 여름이면 백일홍과 봉선화, 가을이면 국화와 코스모스, 겨울이면 매화, 동백꽃이 학교를 가득 채우는 사철 아름다운 꽃들이 피는 조용하고 아름다운 시골 학교입니다.

　오랜만에 찾은 모교, 그 많던 아이들은 다 어디로 떠났는지 교정에는 나무와 꽃들만 환합니다.
　교장 선생님을 뵙고 나니 허전해 보이던 모교가 쓸쓸한 시골 학교가 아니라 아이들 하나하나 각자의 향기로 꽃을 피우고 꿈을 키우는 밝고 환한 아름다운 학교라는 생각이 들었습니다.

　아이들이 떠난 텅 빈 시골 학교가 쓸쓸하지 않도록 빈자리마다 꽃을 심었답니다.
　교실에는 선생님의 이야기꽃과 아이들의 해맑은 웃음꽃도 피었답니다.
　깨끗하고 따뜻한 영혼으로 아이들을 꽃이라 불러주시는 교장 선생님이 내 모교에 계셔서 행복하고 기쁩니다.

꽃 같은 아이들과 함께하시며 한 편 한 편 꽃을 피워 엮은 시집 《봄날이 왔네요》는 작은 시골 학교의 정서와 따뜻함으로 교정에 피어나는 꽃들의 고운 향기가 될 것입니다.

사람들은 존재에 대한 결핍으로 그 무엇을 통해 자신을 위로받고 싶어 합니다. 문명이 발달한 만큼 수명은 길어지고 물질과 지식은 충만하여 부족함 없지만 불안의 수위는 더 높아져 위기감마저 느끼게 하는 이때, 작은 시골 학교를 아름답게 가꾸어 가시면서 따뜻한 가슴으로 쓴 시가 읽는 이들에게 편안함이 되고 위로와 치유가 될 것입니다.

2022. 3. 2.
고흥 대서중학교 졸업생
사회복지학 박사 서정대학교 교수

송재만

시평 1

시인 박종덕 교장 선생님의 시에서
어린 시절 시골 고향이 생각난다.
맑고 순수하며 포근하고 평안하다.

시인 박종덕 교장 선생님의 시에서
맑은 영혼을 느낀다.
모든 시어 속에 온유와 사랑이 있다.

시인 박종덕 교장 선생님의 시에는
쉽고 편안함이 있다. 그리고
긴 여운이 남는다.

시인 박종덕 교장 선생님의 시에는
학교와 학생에 대한 사랑이 진하게 묻어난다.
참교육자이심을 느낀다.

시인 박종덕 교장 선생님의 시에는
순발력과 재치가 넘쳐난다.
아무나 보지 못하는 것을 본다.

시인 박종덕 교장 선생님의 시에는
자연에 대한 깊은 사랑이 있다.
농어촌 그림책을 보는 느낌이다.

시인 박종덕 교장 선생님의 시에서
깊은 신앙심이 보인다.
영적 깊이가 점점 더 확장되고 있음을 느낀다.

동래여자중학교 교장

이승호

시평 2

박종덕 교장 선생님 《봄날이 왔네요》 시집 출판을 축하드립니다.

화창한 봄,
매미 울음소리의 여름,
오색찬란한 가을,
흰 눈꽃 날리는 겨울.

사계절 시골 학창 시절과 시골 삶의 순수함 그 추억들이 생각나게 하는 시들이 어머님 품같이 눈에 들어오네요.

소박하고 자연스러운 한 마디 한 마디 시구로 옛 삶들을 그려내는 시집 속에서 정겨움으로 시를 사랑하고, 학교와 시골, 수수한 자연을 사랑하는 마음이 물씬 풍기는 시집입니다.

정답고 향기로운 시구로 한결같이 순수하고 넉넉한 당신의 입담
이 드러나
이 시집을 보시는 모든 분들이 반하리라 믿습니다.

다시 한번 축하드립니다.

예당고등학교 교장

정회삼

차례

추천사 | 4
시평 1 | 6
시평 2 | 8

제1부 봄

봄날이 왔네요 | 21
새 학년 봄꽃 반 | 23
풍선 꾸러미 | 25
연필 점치기 | 27
나무라면 좋겠다 | 29
봄 | 30
꾸중하는 엄마라도 있었으면 | 31
알 수 없는 세상 | 33
난 곰이다 | 35
번지수는 틀렸지만 | 37

제2부 여름휴가

여름 감잣국 | 41

존재감 | 43

고구마 땜시 | 44

여름휴가 | 45

농사 푸념 | 46

강낭콩 세 알 | 47

난 네가 한 일을 알고 있다 | 49

진실 | 51

장미꽃 | 53

설악산 천사 | 54

제3부 가을 수채화

가을 수채화 | 61
상상 불허(想像 不許) | 63
가을 소일(消日) | 65
은행 구워 먹기 | 66
가을은 사랑입니다 | 67
추야(秋夜) | 69
소등(消燈) 전 | 70
가을 전쟁 | 71
고구마를 지켜라 | 73
가을은 | 76

제4부 겨울방학

어쩔랑고 | 81

하얀 신호등 | 83

오늘이면 끝 | 84

늦장마 샤워기 | 85

모과나무 | 86

겨울방학 | 88

날씨 교훈 | 91

변덕 | 93

팝콘 나무 | 94

학구천 물고기 마을 | 95

제5부 시골 하늘은 아름답다

여기는 시골입니다 | 101

2020 안 돼요 세상 | 103

시골 하늘은 아름답다 | 105

봉두산 | 107

과일 한담(閑談) | 109

오해 | 111

박우물 | 113

연기 냄새 | 115

할아버지의 꿈 | 117

신(新) 신토불이(身土不二) | 119

제6부 **출석 체크**

궁금증 | 125
중2 수업 시간 | 127
새 친구 | 128
제일 하기 싫은 숙제 | 131
삽카이 콩콩 | 133
마음 그릇 | 135
어감 소견(語感 所見) | 137
시골 학교 꽃 | 139
출석 체크 | 142
역시 수학은 어려워 | 144

제7부 염려하지 말라

소망 | 149
어느 노인의 뒷모습을 보면서 | 151
염려하지 마라 | 154
하루의 시작은 무엇일까 | 156
예배당 난초꽃 | 158
소명자 | 159
가장 소중한 시간 | 161
나는 악기 연주자 | 163
공중 나는 새 | 165
소명(召命) | 166

시인의 말 | 167

제1부 봄

봄날이 왔네요

남도(南道)에서 산다면
봄이 들어서기 전(前)
직장 새 업무 계획을 세워야 하고
초보 농사 계획도 세워야 하지만
연중(年中) 꽃 마중 계획도 잘 세워야 해요

드디어 봄날이 왔네요
시원하고 깨끗한 동백 꽃 마중은
남해 바다 오동도로 가고요
아늑하고 소박한 산수유 꽃 마중은
지리산 자락 산수유 마을에 가고요
골짜기가 화려해 눈이 부신 매화 꽃 마중은
섬진강 변 다압 마을에 가야 해요

바쁜 중에도
하얀 배꽃, 연분홍 살구꽃과 복숭아꽃은
시골길마다 듬성듬성 덤으로 구경할 수 있습니다

꽃의 여왕 장미꽃 세상은
곡성 장미꽃 축제면
여름 내내 행복하답니다

오래도록 간직할 국화꽃 향기 훔칠라치면
화순도 좋고 함평도 괜찮지요

모든 나무에 꽃 피는 계절도 있답니다
하얀 눈꽃 나무들
어느 마을도 좋지만
지리산 둘레 어디서든
눈꽃 핀 세상은 장관(壯觀)이랍니다

일하랴, 꽃 마중하랴
사철 숨 가쁜 남도의 땅
고된 줄 모르겠고 매일매일 신바람 나네요

새 학년 봄꽃 반

여러분!
반가워요
그리고 입학을 축하합니다

먼저 출석을 부를게요

개나리
진달래
민들레
백목련
살구꽃
매화꽃
제비꽃

우리 반은
아름다운 모습과 고운 향기를 지닌
친구들이 모여 있는 반이기에
꽃밭보다 더 예쁜
'봄꽃 반'입니다

선생님은
'할미꽃' 선생님이라고 불러주세요

"호호호"

풍선 꾸러미

놀이공원 입구의
빨갛고 노란 풍선들
내 마음처럼 둥실 두둥실

풍선은 자꾸만 하늘 위로 달아나려고 하고
나는 놓칠까 봐 풍선 줄 꽉 잡고

알록달록
둥실둥실 풍선 꾸러미
예쁘긴 한데
여차하면 이별이다

잠시라도 줄을 놓치면
풍선은 하늘로 도망간다

아하,
그렇지!

내 마음에 없어져야 할 것들……

욕심, 푸~욱 가득 불어 넣고
아픔, 푸~욱 가득 불어 넣고
걱정, 푸~욱 가득 불어 넣고

풍선 속에
내 마음속 없어져야 할 것들
하나도 남김없이 가득 불어 넣고
미련 없이 풍선 줄을 놓아버렸다
아낌없이 풍선 꾸러미 날려버렸다

내 마음의 찌꺼기 가득 담은
풍선 꾸러미
하늘 높이 사라진다

내 마음
풍선보다
더 가벼워졌다

연필 점치기

국민 학교 시절
매월 보던 월말고사
즐거운 월말고사다

육각형 나무 연필에 홈을 판다
한 줄 홈
두 줄 홈
세 줄 홈
네 줄 홈

아는 것은 아는 대로 풀고
알쏭달쏭 모르는 것은 점을 치면 된다
친절한 선배들이 알려준 대로

또르르 굴린 연필이 1번이면 1번으로 쓰고
또르르 굴린 연필이 2번이면 2번으로 쓰고
고민 없이
머리 아플 일 없이 나무 연필 점치면서 시험을 본다

선배들이 알려준 즐겁게 시험 보는 법
나무 연필로 점치면서 시험 보는 법
매월 보는 월말고사가 게임 같고 오락 같다

신통한 또르르 연필 점
누가 만들었을까?

놀기 좋아하는 시절
시험에 얽매이지 말고
재미있게 학교생활하라고
누군가 만들어 준
고마운 또르르 연필 점

나무라면 좋겠다

내가 나무라면 좋겠다

매혹적인 꽃이 펴도 우쭐대지 않고
푸른 잎으로 울창해도 도도하지 않고
탐스러운 열매가 풍성해도 숨기거나 아끼지 않고
겨울이 되어 몸뚱이 하나로 남아도
결코 움츠리거나 비굴하지 않는다

비바람과 눈보라에도 굳세고
연륜이 많아도 나서지 않고 의연하다

나이가 들어도 새해가 되면
젊은이처럼
새순을 내는 용기와 패기가 있다

그 자리를 지켜내는 지조가 있다
자유롭고 욕심이 없는 새들의 친구이기도 하다

내가 나무라면 좋겠다

봄

봄엔 땅에서도
무지개가 핍니다

동백꽃과 홍매화는 산비탈에서 고운 새들을 모으고
진달래와 살구꽃은 머리에 꽂은 예쁜 핀(Pin) 같아요

개나리와 산수유꽃은 거친 시골 담을 꽃담으로 만들고
배꽃, 복숭아꽃, 목련꽃은
봄 길을 더욱 눈부신 꽃길로 꾸몄네요

낮은 언덕길 제비꽃과 수선화가
무지개 끝자락에 아담하게 수(繡)를 놓았고요

물론,
푸른 새싹은 드러눕고 싶은
포근한 이부자리 같아요

아이코
봄은 온통 꽃무지개
세상이네요

꾸중하는 엄마라도 있었으면

현식이는 맨날 공부하라고 보채시는
엄마가 싫다고 합니다

용희는 사사건건 잔소리하시는
엄마가 밉다고 합니다

화웅이는 게임 좀 그만하라고 꾸중하시는
엄마가 잠시 없었으면 하고 투덜거리기도 합니다

흥식이는 부모님과 떨어져
시골 할머니 집에 살기 때문에
엄마가 보고 싶기도 하고 원망스럽다고 합니다

나는
초등학교에 들어오기도 전에
엄마가 병으로 돌아가셨습니다

엄마의 성화
엄마의 잔소리
엄마의 꾸중
엄마의 따뜻한 품조차
기억이 없습니다

얼마든 혼을 내도 좋고
마구 내 엉덩이를 때려도 좋으니
엄마의 손길이 있었으면 좋겠습니다

엄마에 대한 마음 아픈 추억이라도
매일매일
듬뿍 있으면 좋겠습니다

2021.01.11.
어느 초등학생의 이야기를 듣고

알 수 없는 세상

어제까지만 해도
청정 지역
시골 환경을 자랑했는데

2021년 3월 29일
오늘
갑자기 황사 현상이
극심해
보지 못했던 세상을
경험한다

노란 선글라스를 낀 것처럼
세상이 온통 노랗다
깨끗하게 보이는 게
하나도 없다

알 수 없는 날씨
알 수 없는 세상

아무리
경험이 많고
연륜이 많아도
우리는
예측할 수 없는 세상에서
새롭게 삶을 살아가고 있다

난 곰이다

나는 곰이다 하고 노래하던
왕년의 명가수 노래 가사처럼
나는 오늘 동면하는 곰이다
아무것도 하지 않고 이불 동굴 속에서 웅크리고
누워만 있다
잠만 잔다

계곡에서 내려온 시냇물은 경쾌한 소리를 내며 마을을 휘돌고
산뜻한 멧새는 청아한 목소리로 높은 나무 끝에서 노래한다
살구꽃과 매화꽃은 넓은 세상을 황홀하게 꽃 치장하고 있고
키 작은 풀조차 언덕마다 땀을 흘리며 푸른 카펫 깔기 작업에 분주
하다

만물은
아름다운 세상 만들기에 바쁘지만
오늘 난
남을 위한 일은 손끝만큼도
하지 못하고
오직

나의 일에만 충실하고 있다
아 이래선 안 되는 줄
알면서도……

난 오늘 곰이다

번지수는 틀렸지만

말끔히 세차한 까만 차
얼마 후 노란 차가 되었다

꽃을 찾아가야 할 꽃가루
내 차가 꽃인 줄 알았나?
빈틈없이 더덕더덕 달라붙었다

꽃가루 씨!
번지수가 틀렸는데
어쩌나?

까만 차에 꽃이 필까?
열매가 맺힐까?

맞아!

꽃처럼 향기롭게
열매처럼 탐스럽게
그렇게 살면 되겠지

내가 꽃이 되는 거야
내가 꽃처럼 사는 거야

제2부 여름휴가

여름 감잣국

찌그러진 노란 냄비
마당 연탄불 화로에 조심스럽게 올려놓고
멸치 몇 마리 넣어서 우려낸 물에
싱싱한 대파 송송 썰어 넣고
굵은 양파 가지런히 잘라 넣고
청양고추도 어슷썰어 넣고
마늘 몇 알 다져 넣고

주인공 주먹 감자 다섯 알을 골라
먹기 좋게 칼질하여 넣고 끓이다가
마지막에 조선간장으로 알맞게 간을 맞춘다
달걀이 있으면 하나 풀어 넣어도 괜찮다
감잣국을 만든다

요즘 시골에서는 감잣국을 끓여 먹는 집이
흔하지 않은 것 같다
여름 별미인데……

감잣국엔 별다른 반찬이 필요 없어서 좋다
잡곡밥을 국에 말아서
깻잎장아찌 반찬 하나만 있어도
밥을 맛있게 먹을 수 있다
어떤 장정이라도
여름 한나절 동안 배 든든하게 지낼 수 있다

뜨끈한 여름 감잣국을 먹으면
정말 속이 시원해진다

존재감

요새
사회에서 자기 신분이 무엇이든지
어떤 길을 걷든지
어느 곳을 가든지
누구와 말하든지 간에
나 없으면 안 돼

자신 있으면 해봐
나?
마스크야!

고구마 땜시

어쩌다
뒷산에서 내려온
고라니를 만나게 되면
무척 반가웠다
신기하기도 하고
친구 같았다

귀엽고
맑은 눈을 가진
청순가련한 모습

그런데
그런 고라니가
갑자기 미워졌다
원수같이 여겨졌다

고구마를 심은 뒤로는

여름휴가

사람들이 별로 없을 것 같아
여수 방죽포해수욕장
가족이 모처럼 피서를 갔다

각자
우산을 쓰고
선글라스를 쓰고
모자를 쓰고
마스크를 쓰고
온 가족 폼 나게 기념사진을 찍었다
바닷가 모래사장에서

괜히 찍었다
누가 누군지 잘 모르겠다

농사 푸념

작은 텃밭에
정성껏 심은 옥수수 순은
매일 물을 줘도
목마른 듯 흐물흐물

작은 텃밭에
제 마음대로 자라는 잡풀은
물 준 적 없어도
생기 넘친 듯 푸릇푸릇

참, 농사 힘드네요?

강낭콩 세 알

강낭콩 세 알
딱딱하다
굳었다

건드려 봐도
움직임도 없고
말이 없다

아, 죽었구나!

양지바른 곳에
호미로 땅을 파고
잘 묻어주었다

비가 온다

며칠 후
죽은 강낭콩 묻은 곳에서
땅이 열리고

파란 싹이 힘차게
올라온다

죽었던 콩이
다시 살아났다

어둡고
답답하고
더러운 곳에서
환한 곳으로 나왔다

도대체
무슨 일이 있었을까?

콩이든
사람이든
우리는
생명을 주는
물을 먹어야
살 수 있다

난 네가 한 일을 알고 있다

푹푹 찌는 한여름 낮
높은 빌딩이 늘어선 번화가
따가운 햇빛이 건물에 가려
시원한 그늘을 만들었다

사람들은 인상을 찌푸리며 걷다가
밝게 펴고 걷는다

높은 건물들아 고맙다
정말 고맙다

잠깐!

그러나 나는
네가 지난겨울에 한 일들을 알고 있다

폭설이 내리고 도로가 얼었던 겨울철
빌딩 그늘 때문에
길이 미끄러워 사람들이 넘어지고

차도에선 빌딩 아래 결빙 때문에
차들끼리 부딪혀 크고 작은 사고들을
여러 번 내게 했던 게
너 빌딩이었다

사람들이 추켜세운다고
우쭐대지 마라!

난 네가 지난겨울에 한 일들을
알고 있다

진실

아침 일찍부터
저녁까지
답답한 마스크와 하루를
보내야 한다

머리가 아프고
아주 불편하다

무공해 공기를 마시려면
새벽이나 저녁 늦게
호젓한 바닷가나
한적한 산속에 가서
마스크를 벗어 던지고
상쾌한 공기를 실컷 마실 수 있다

그것도 여의치 않을 땐
고층 아파트에선
창문을 열고
코만 삐쭉 내밀고
심호흡을 하면 된다

아~
참 좋다

언제 우리가 공기의 소중함과
고마움을 알았던가?

우리가 겸손해질 때까지
우리가 무시하던
우리가 하찮게 여기던 것들의
반격은 쉬지 않고
계속될 것이다

장미꽃

새벽하늘
날마다 환하게 세상이 밝아지는 모습을 보고 싶다며
동쪽으로 꽃 머리를 향하고 있는 핑크빛 장미꽃

따듯하고 부드러운 바람결이 좋다며
남쪽으로 꽃 머리를 돌린 장미꽃

맑고 파란 하늘이 좋다며
높은 하늘을 향해 꽃대를 쑤욱 올린 장미꽃

노을과 땅거미가 아름답다며
서쪽으로 꽃 머리를 기울인 장미꽃

날마다 밝게 웃는 친구들 모습이 좋다며
교실 창문 쪽을 바라보는 호기심 많은 장미꽃

난 무엇이든 상관없어
너희들 곁이면 행복하다며
장미꽃 무리 한가운데 자리 잡은 장미꽃

바라보는 곳은 서로 다르지만
장미꽃 송이송이는 모두 다 곱다

설악산 천사

16살에 지기 시작한 묵직한 지게
사랑하는 아들 어찌 살라고 부모님은 일찍 돌아가시고
순박한 어린아이는
남의 집 머슴으로 살게 되었다

그냥 오르기도 힘든 설악산 꼭대기 길
지게에 가스통 쇳덩어리 40kg을 지고
심지어 냉장고도 혼자 지게에 얹고
웃으며
감사하며
한 발 한 발 꿋꿋하게 산꼭대기에 오른다

하루에 한 번 오르기도 버거운 산길
하루에 열 번 오르기도 하는
단 하나의 생계의 길
그 세월 무려 46년
하루에 한 번만 오른대도 수만 번 올랐던 설악산 바윗길

고단한 지게질을 마치고 집으로 돌아오면
쉼보다도
먼저 돌봐야 할 장애 2급 아내가 집 안에 누워 있다

그냥 내 곁에 있어줘도
고맙고 사랑스럽다며
아내 수발을 내 몸 돌보듯 한다

또 하나
32살 된 지게꾼의 아들
태어날 때부터 엄마보다 더 심한 장애를 가지고 태어나
장애 보호 시설에서 따로 살고 있다
지게꾼의 소원은 아들과 같이 사는 것

무슨 희망이 있을까?
무슨 웃을 일이 있을까?

그러나
불평 없이
원망 없이
절망하지 않고
포기하지 않고
오늘도
아들을 생각하며
아내를 생각하며

맑게 웃으며
감사하며 오르는
지게꾼 설악산 가파른 오름길

천사의 도움이 긴박하다
천사의 손길이

기적이 일어났다
지게꾼의 가정에 천사가 살고 있었다

힘들게 일한 보수로
가정과 아내
아들 뒷바라지에 바닥 생활인데도
지게꾼은 천사가 되어
자기보다
더 어렵고
더 외롭고
더 힘들고
더 가난한
더 힘이 없는
사람들을 찾는다

그들을 찾아가 사랑을 쏟는다
그가 돌보는 가정
한두 가정이 아니고
열 가정이 넘는다
바보!
정말 바보다

오늘도 지게꾼은 설악산 꼭대기에 올라
어려운 자들을 찾는다
그 기도를 듣고 곧장 내려와
그들에 마음에
지게에 실은 사랑을 아낌없이 퍼붓는다

2019.06.13.
'아침마당' 프로그램을 보고서

제3부 가을 수채화

가을 수채화

두꺼운 솜이불을 덮고도
문틈 찬바람에
새우처럼 오그라드는
11월 밤

밤새
바람 소리
소쩍새 울음소리로
뒤척이며 지낸 밤

이른 아침
방문을 열어보니
성급한 첫눈이 반갑게 내렸다

단풍나무 밑에는
하얀 도화지에
알록달록 수채화가
커다랗게 펼쳐져 있다

차가운 바람 불던 밤이었는데
누가 이토록 아름다운 그림을
초라한 시골집 마당에
남몰래
그려놓고 갔을까?

상상 불허(想像 不許)

아무튼,
과거엔
지갑 하나만 챙겨 들고
구두 흙먼지 탈탈 털고 집을 나서면
어디든 어깨 펴고 활보할 수 있었다

그 후로
지갑 하나만 가지고서는 안 되는
삼총사 시대가 도래했다
신용 card, 차 key, smart phone
이것이 있어야 든든하게 바깥 생활을 할 수 있었다
어느 것 하나 빠지면 불안하고 불편했다

2020년 11월 13일
삼총사만으론 안 되는 시대가 오게 되었다
이것 하나 없으면 바깥 생활이 아예 불가능하다
우리가 하찮게 여기던 마스크
마스크 없이는 외부 생활이 통제가 된다
예전에 미처 상상도 못 했다
마스크가 세상을 점령할 줄을

앞으로 또 어떤 세상이 펼쳐질지
누구도 자신 있게 예측할 수가 없다

가을 소일(消日)

새벽하늘에 맺힌 별빛 쓸어 담아
빼앗길세라 호주머니에 가득 채우고

아침 일찍, 맑게 흐르는
큰 강물 바위에 앉아 세수를 하고

큼직한 양떼구름 한 마리 잡아 올라타
너른 가을 하늘 마음껏 달려보고

산 끝까지 애써 단풍 입히고 하산(下山)하는
바람 모셔다 대접하는 찻물 끓이고

가을 길가마다 늘어서서 군무(群舞)하는
늘씬한 코스모스와 눈 맞춤 인사하고

시도 때도 없이 애절하게 울어대는 귀뚜라미는
내 힘으로 어찌할 수 없어

애먼 하얀 보름달 한 알 따다
입에 넣고서
밤늦도록 책과 씨름하고 있다

은행 구워 먹기

딱딱한 은행알
어떻게 먹지?

유튜브에서 은행 먹는 법을 검색해 봤다

빈 우유갑에 은행 수십 알을 담아
전자레인지에 넣었다

탕!
탕탕!
타다당!

쉬이익 쾅!

전자레인지 속에서 은행들이
전쟁놀이를 하고 있다

서로 총을 쏘고
미사일을 날리고

모두가 깜짝 놀랄 큰 소리로
실감 나게들 논다

가을은 사랑입니다

작은 씨앗 하나
심지도 않고
밭에 나아가 거두지도 않았는데
알밤도 주시고
다래도 주시고
꿀보다 더 다디단 단감도 주시고
놀랍다

열매 한 알
가꾸지도 않고
나무 한 그루
돌보지도 않았는데
귤도 주시고
사과도 주시고
수박보다 더 큰 배도 주시고
감사하다

친구들의 사랑
이웃들의 정성
성도들의 나눔
하나님의 축복이
작은 시골집 곡간에
가득 채워졌다

가을이
꽃보다 더 향기롭고
십자가처럼 여겨졌다

재빨리
내 팔과
내 마음
가벼워지도록
곡간에 찬 사랑의 열매
나도 누군가에게
바람처럼 옮겨버렸다

추야(秋夜)

임자 없는 밤(栗)이 떨어지는 밤
별들도 산 너머로 떨어진다
서리 맞은 꽃잎이 실바람에도 떨어진다

풍경(風磬)이 흔들리는 밤
갈대가 쉴 새 없이 흔들린다
처마 끝 등불은 밤새도록 마음처럼 흔들린다

보름달 속에 영근 홍시(紅柹)가 익어가는 밤
속없는 토방 농주(農酒) 입맛 돌게 익어간다
깜깜한 밤에도 대추알은 빨갛게 익어간다

소등(消燈) 전

황금 들녘과 단풍으로
세상은 아름답고
나무마다 풍성한 유자 석류 열매는
축복이다

나의 하루
내가 맺은 열매는 몇 알일까?
곰곰이 세어보며 침소에 든다

빛의 열매
작은 등불이
세상을 밝히고 있다

밤은 깊어가지만
등불 끄기가 부끄러워
망설여진다

가을 전쟁

빵, 빠방!
쾅, 콰광!

가을 초순
느닷없이 평화로운 들녘에서
총소리, 대포 소리가 들려왔다

전쟁이 났다
사방에서 굉음이 울린다

무슨 난리일까?
가끔 미사일 날아가는 소리도 들린다
그런데 이상하다
총성 중에도 비명 소리가 없다

단지 지축을 흔드는 총성만
들녘에 난무한다

이런 웃기는 전쟁이 있나?
전쟁은 농부와 참새들과의 싸움이었다

사람들만 무기를 사용하기에 불공평한 전쟁 같지만
농부들은 총알 없는 무기라고 말하며
오히려
참새들의 숫자가 너무 많기에 농부들이 불리하다며
공포탄을 열심히 허공에 쏘아댄다

어쩌거나
참새들은 죽자 살자 논으로 달려들고
농부는 밀짚모자 눌러 쓰고
빈총만 사정없이 쏘아대는 전쟁이
풍요로운 가을마다 반복되고 있다

고구마를 지켜라

봄날에 농부로서
완전 무장을 하고
밭에 나간다

거친 땅을 일구고
깊이 밭고랑을 파고

땅속에 박힌 자갈을 골라내고
끈질긴 잡풀을 뽑아내고

냄새나는 거름을 뿌리고
뙤약볕에 검정 비닐을 씌우고

여린 고구마 순을 심고
시원한 물을 주었다고
가을에
누구나 고구마를 거두는 게 아니다

가뭄도 없어야 하고
홍수도 없어야 하고
태풍도 피해야 한다

설령
날씨가 도와준다 해도

이미
고구마 도둑은 가까운 곳에 있다

어떻게 하나?

들쥐가 사는 집은
커다란 돌로 막아야 한다

두더지는 바람개비로 쫓아내야 한다

만만치 않은 고라니와 멧돼지의 공격은
가시철조망으로 방어한다

하찮은 것이든
소중한 것이든
저절로 얻어지는 게 아니다

정성과 노력을 엄청 쏟아야
그 맛난 고구마를
지킬 수 있다

가을은

가을은,
시골 초가집 뒤뜰 나이도 잊은 감나무
마른 장작같이 거친 가지에 영근 파란 감
빠알갛게 만들어 놓고,

마을 뒷산 밤나무
가시투성이 밤송이
다람쥐나 동네 아이 몰려와
고개 바짝 뒤로 젖히고 침 삼킬 때
"옛다 먹어라" 하며
굵은 밤 골라 후드득 던져주고,

사방으로 보이는 먼 산 푸른 숲마저
단풍 들여 빨갛게 태워버리기도 한다

가을은,
타지에 나가 살던
가족과 친척들 시골로 바삐 불러오기도 하고,
한동안 헤어져 살던 부모님과
사랑방에 모여 정담을 나누게 한다

깊은 가을밤
귀뚜라미 노래하는 뒷마루에 앉아
큰 달 바라보며 사람 가슴 설레게 하는
이상한 힘을 가지고 있다

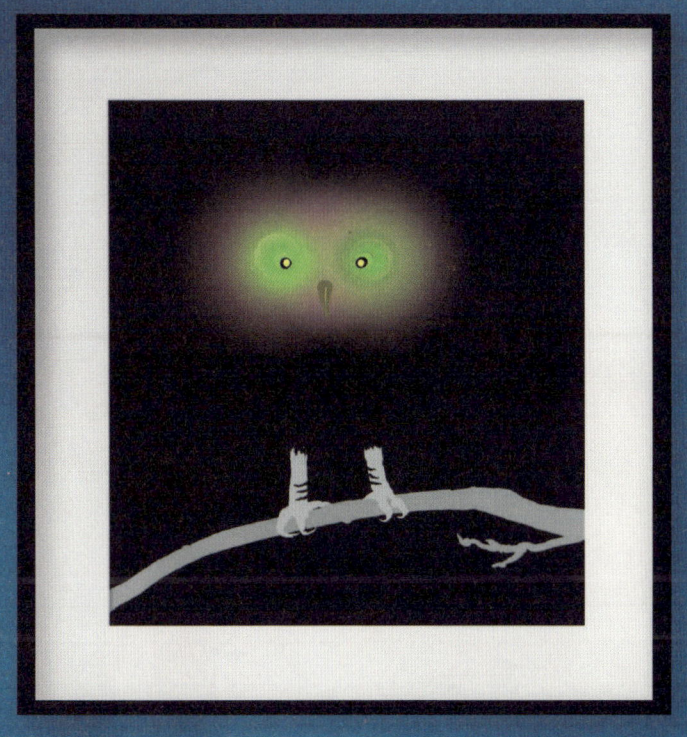

제4부 겨울방학

어쩔랑고

모든 게
덜덜, 꽁꽁입니다

오늘은
부산 해수욕장도
꽁꽁 얼어버린
20년 만의 추위라고 합니다

당연히
순천 동천도 꽁꽁 얼었지요

왜가리, 검둥오리, 물닭은
평소
동천 물고기는 모두 내 밥이다 하고

흥흥 홍홍 하며
상류에 가서 버들치 훔쳐 먹고
중류에서 피라미 골라 먹고
하류에선 송사리 마구 집어 먹고 그랬는데

오늘은
꽁꽁 언 얼음장 밑으로
물고기들이 숨어버렸지요

보이긴 하는데 잡아먹을 수 없어
애타게 동천 하늘만
뱅글뱅글 돕니다

강추위가 며칠 간다는데
얼음이 쉽게 녹지 않을 텐데
동천 새들은 고기도 못 잡아먹고

어쩔랑고?
어쩔랑고?

하얀 신호등

양력 12월 29일
음력 11월 15일

봉화산 죽도봉 사거리 밤거리에
하얀 신호등이 생겼다

자동차 핸들 움켜잡고
아래턱 쭈욱 내밀고
예쁘기도 하고
귀엽기도 한
하얀 신호등 마법에 빠져든다

우와!
참 밝다

뒤에 늘어선 자동차 다급한 경적 소리에
가슴이 덜컥
자동차는 부릉~!

알쏭달쏭 하얀 달 신호등 때문에
하마터면 큰일 날 뻔했네!

오늘이면 끝

2020년 12월 31일 목요일

1년 동안 매일 대하던 정든 달력도 끝
2020년 365일 직장 업무도 끝
올해 내 나이도 끝이다
오늘로 끝나는 것들이 많다

그런데
계속 이어가는 코로나

다들 끝나는데
너도 이만 끝내지?

늦장마 샤워기

눈에
보이지 않는 샤워기
크기도 알 수 없는 샤워기에서
물이 쏟아진다
사람이 끌 수도 없고
멈출 수도 없다

아침부터 저녁까지
쏟아지는 물에
수국꽃은 말끔히 세수하고
대나무는 때깔 나게 목욕하고
비대한 체육관도 모처럼 목욕을 한다
운동장 잔디는 고인 물속에서
신나게 수영을 하며 놀고 있다
커다란 산들까지도 거뜬하게 전신 목욕을 한다

늦장마 샤워기
눈에 보이는 모든 것들
연일 깨끗이 씻기고 있다

모과나무

시골집 앞마당
지붕보다 더 키가 큰 모과나무가 우뚝 서 있다

하루 내내 수다스러운 참새들
가지 속에 찾아와
쉬지 않고 귀 아프게 떠들어 대도
모과나무는 듣기만 한다
무던하다

무더운 여름날
남들은 그늘이나 물놀이로 더위를 식히지만
모과나무는 아무런 불평 없이
뙤약볕 마당에서 혼자서 더위를 견뎌낸다

이곳저곳 과일나무 친구들은
탐스러운 열매로 으스대고 뽐내는데
모과나무는 못생긴 열매 몇 개 맺고서
매일매일 만족하면서 산다

눈 내리는 겨울밤
각자 따듯한 동굴이나 털옷으로 추위를 버텨보는데
모과나무는
한겨울 바깥마당에서
변변한 외투 한 벌 없이
온 겨울을 맨몸으로 이겨낸다

겨울방학

야호!
교실이 떠나갈 듯하다

겨울방학이다
우리들은 감옥에서 풀려난 사람처럼
날아갈 듯 학교에서 달려 나왔다

방학 숙제는 언젠가 하겠지
어떻게 되겠지 하며 미뤄두고
동네 아이들과 모일 궁리만 하였다

오늘은 팽이치기, 연날리기
내일은 앉은뱅이 썰매 타기
얼음지치기, 제기차기
자치기

기다리던 눈이 내리면
눈싸움
눈사람 만들기
고드름 따 먹기

논에 나가
짚불을 모아놓고 고구마
구워 먹기도 빼놓지 않았다

토끼 굴 앞에서 눈물 흘리며 연기 몰아넣기

그 긴 겨울방학이 전혀 지루하지 않았다

지금은
시골이지만
그 어느 것 하나를 하면서
노는 아이를 찾아볼 수가 없다
긴 겨울방학인데도

코로나 탓도 있지만
아이들은 홀로 방 안에서
핸드폰이나 컴퓨터 앞에서
그 긴 겨울방학을 보낼 것이다

학생 여러분!
겨울방학 동안에 뭘 하며 지냈나요?

핸 드 폰 요!

날씨 교훈

오늘은
해가 눈이 부시게 환한 모습으로 떠오른다
나도 오늘은 해처럼 밝게 살아야겠다

오늘은
해가 보이지 않는다
구름 속에 숨었다
세상이 흐리다
지난밤
지구 반대편 세상에서
속상한 일을 보았나 보다

오늘은
비가 내린다
해가 슬퍼 우는가 보다
역시나
지구 반대편 세상에서
몹시도 슬픈 일들을 많이 보았나 보다

오늘은
눈이 내린다
순백 세상이다
넓은 세상도 하얗게 만들 수 있으니
너의 작은 마음
눈처럼 깨끗하게 하라고
눈처럼 깨끗하게 살라고
눈이 내린다

변덕

날씨 변화가 심하다
맹추위가 오락가락한다

평소 기온 영상 4도
오늘은 갑자기 영하 4도다
"어이쿠 추워라, 옴짝달싹 못 하겠네!"
엄살을 떤다

한파 기온 영하 14도
오늘은 조금 기온이 오른다
영하 4도
"사람이 뭐 이까짓 추위가지고 그래!"
며칠 전과 달리 허세를 떤다

날씨도 사람도 변덕스럽다

팝콘 나무

2월 마지막 날
낙안읍성 금전산에
신통한 일이 일어난다

금전사 주지 스님의 도력(道力)일까?
금전산 매화나무마다
달콤한 팝콘이 열렸다

쌀랑한 날씨에도
사람들은 어린아이와 함께
신기한 광경을 보려고
금전산에 간다

아이들은 군침을 삼키고
어른들은 아름다움에 감탄한다

금전산 하얀 팝콘 나무

학구천 물고기 마을

순천 동천 지류 맑은 학구천에
물고기 마을이 있다

맑은 냇가에
버들치와 피라미
모래무지와 송사리가 살고 있다

한참 사이좋게 놀다가
해 질 무렵이면
작별 인사를 한다

"잘 가"
"내일 봐"

혹시 길을 잃을까 봐
달팽이와 우렁이는 물 바닥에
길을 만들어 놓았지만
물고기 친구들은 길이 없어도
집에 잘 들어갈 수 있다

물이 맑아 물속이 어항처럼 보인다

오늘은 상류에서 하천 정비하는 날
커다란 포클레인이 물장구를 치고 있다
학구천 하류는 흙탕물이 되었다
낮인데도 물속이 하나도 보이지 않는다
앞에 무엇이 있는지 전혀 알 수가 없다

버들치는 피라미를 만날 수 있을까?
모래무지는 바위에 부딪치지 않을까?
송사린 자기 집에 찾아갈 수 있을까?

오늘,
깜깜한 흙탕물 속 물고기 친구들은
무얼 하고 있는지
무얼 하며 지낼지
걱정이 된다

제5부 시골 하늘은 아름답다

여기는 시골입니다

파란 하늘이 보이고
먼 산도 뚜렷하게 보이는
깨끗한 하늘입니다

맑고 시원한 물속에
꽤 많은 물고기들이 살고 있는
깨끗한 시냇물입니다

푸른 나무에 꽃 피면
목소리 고운 새들은 목청껏 지저귀는
깨끗한 들녘입니다

달래, 냉이, 쑥, 개머위 등
마음껏 먹을 수 있는
깨끗한 무공해 나물들입니다

깜깜하지만 깨끗하기에
셀 수 없이 눈부신 별들을
원 없이 볼 수 있는 밤하늘입니다

화려하진 않지만
깨끗하기에 행복하고
깨끗하기에 모두가 희망이 있습니다

여기는 시골입니다

2020 안 돼요 세상

친구와 손잡으면 안 돼요
친구와 같이 걸으면 안 돼요
친구와 함께 앉아도 안 돼요

친구와 이야기해도 안 돼요
친구와 같이 밥 먹어도 안 돼요
친구와 함께 뛰어놀아도 안 돼요

친구를 멀리해야 안전해요

식당에 가서 외식해도 안 돼요
목욕탕에 가면 안 돼요
체육관에 가면 안 돼요
영화관에 가서도 안 돼요

사람들이 모이는 곳 피해야 안전해요

말하지 말고
나가지 말고
모이지 말고
살아야 안전한 세상
코로나가 만든 무서운 세상

시골 하늘은 아름답다

365일 같은 모습은 단 하루도 없다

오늘은 회색 찌푸린 하늘이다
눈이 부시도록 파란 하늘인 때도 많다
파란 하늘에 뭉게구름이 낀 날은 하늘 높낮이가 보인다
온갖 동물들이 상상하는 대로 보인다

수도꼭지는 보이지 않는데
빗물이 온 천지에 쏟아질 때도 있다
무섭도록 시커먼 먹구름과 함께
가슴이 덜컹거리는 천둥, 번개 치는 이벤트 하늘도 있다
선녀 몇만 명이 동원됐는지 몰라도
눈송이 가루를 뿌리는 날은 정말 장관이다

어떤 날은 구름 반, 하늘 반
변화무쌍한 하늘이 연출되기도 한다
어떤 날은 참새 떼가 질서 없이 등장하고
어떤 날은 기러기들이 편대 비행도 하고
진짜 비행기가 하늘을 뒤흔들며 쏜살같이 지나가는 날도 있다
특별한 날엔 가오리연, 방패연이 하늘에서 헤엄치며 노는 날도 있다

아 참!
중국 때문에 하늘이 노랗게 되는 날들도 많아졌다

밤이 되면 까만 먹 하늘이 되기도 하고
온 세상을 은은히 밝히는 보름달 밤은 운치가 있다
크리스마스트리처럼
별빛이 쉴 새 없이 반짝거리는 하늘이 되기도 한다

시골 하늘은 언제나 바라봐도 지루하지가 않다
살아 있는 그림책이다

봉두산

봉두산 동쪽
마서마을 덕촌마을에
살구나무 매화나무가 자란다
마을도 덕지덕지
나무도 덕지덕지

봉두산 서쪽
장전마을 남당마을에
상수리나무 도토리나무가 산다
마을도 띄엄띄엄
나무도 띄엄띄엄

봉두산 남쪽
개명마을 금당마을에
대추나무 감나무가 큰다
마을도 옹기종기
나무도 옹기종기

봉두산 북쪽
대야마을에
느티나무가 지키고 있다
마을도 드문드문
나무도 드문드문

봉두산에는
나무나 마을이나
서로 의지하며
조화롭게 산다

과일 한담(閑談)

"얼굴빛도 곱고, 피부도 탱탱하고……"
"참 좋을 때다"
매실이 작은 앵두를 보고 부러운 듯 말한다

"너도 피부가 좋은데 뭘"
"내 피부 좀 봐, 벌써 쭈글쭈글해"
호두가 부러운 듯 매실에게 말한다

"쪼그만 것들이 벌써 세월 한탄하네?"
"한창 클 나이에"
사과가 옆에서 혀를 차며 말한다

"뭐라고?"
"사과야, 크게 말해봐"
"나이를 먹으니 잘 안 들린다"
누런 배가 굵은 목소리로 말한다

"얘들아!"
"좀 시끄럽구나"
"조용히 하든가, 저쪽에 가서 놀아라"
모든 게 귀찮은 듯 늙은 호박이 길가에 드러누워 말한다

"네!"
"근데 호박 할아버지는 연세가 어떻게 되세요?"
"응?"
"나는 2020년생이지?"

앵두는 말했다
"나도 2020년생인데?"
"야!"
"너 나랑 친구잖아!"

오해

고요히 흐르는 동천 우뚝 바위에
백로 한 마리 고고히 서 있다
한가롭다고 말하지 말라
우리는 심란하다

밝은 햇살 죽도봉에 펼쳐질 때
청둥오리 몇 마리 동천으로 바쁘게 날아온다
아름답다고 말하지 마라
우리는 불안하다

어쩌다 갈매기도
동천까지 날아와 수면 가까이 비행할 때도 있다
그림 같은 풍경이라고 말하지 마라
우리는 혼비백산할 지경이다

가뜩이나 정신이 없는데
수달은 어디서 나타났는지
시도 때도 없이 동천 물살을 여기저기 가른다
참 평화로운 모습이라고 감탄하지 마라
우리는 목숨이 위태로운 순간이다

진즉,
동천 토착 주민들인
송사리와 피라미들에게는
백로와 청둥오리
갈매기와 건달 같은 수달이
목가적인 친구들이 결코 아니다

우리들의 생사가 달려 있는
매우 위태로운 공포의 대상이다

박우물

우리 마을 한가운데
짧은 줄 두레박 박우물

허리 굽은 할머니
느린 걸음으로 걸어와 조심스레 바가지를 던져도
풍덩!
비명을 지른다

곱상한 시골 새댁
바쁘게 달려와 바가지를 던져도
풍덩!
비명을 지른다
엉덩이를 찰싹 맞은 것처럼

동네 개구쟁이들 몰려와
바가지 대신 조약돌을 던져도
큰 소리로 풍덩!

우물 턱에서 잠시 졸던 청개구리
그만 우물에 미끄러져 빠져도
큰 소리로 풍덩!
비명을 지르지만
박우물 소리가 시원하다

무더운 오후
박우물을 감싸주던 대나무 숲
댓 잎사귀 한꺼번에 우르르 물놀이하러 내려오면
혹시나 다칠세라
조심조심 받아준다

대나무 잎새들
편히 쉬라고
물결 살랑이며 얼러준다
동네 박우물

연기 냄새

야, 하얀 연기야!
너에게서 맛있는 냄새가 나는데?
너는 무슨 연기니?

응, 나는 불고기 굽던 연기야

야, 회색 연기야!
너에게선 고소한 냄새가 난다?
넌 무슨 연기니?

응, 난 참깨 볶던 연기라서 그래

콜록콜록
어휴, 매워라!
넌 무슨 연기니?

응, 나는 밥 짓는 굴뚝 연기라서 조금 매워

야, 푸른 연기!
너에게선 싱그러운 냄새가 나네?
넌 무슨 연기니?

응, 나는 참나무 장작 연기야

야, 거기 검은 연기!
너는 무슨 연기니?
너에게서 고약한 냄새가 난다?
난 숨쉬기도 힘들어

응, 나는 쓰레기 연기야
사람들이 남몰래 이것저것 태워서 그런지
색깔도 검고 냄새도 심해
친구들아, 정말 미안해!

할아버지의 꿈

평생,
자녀 양육에 모든 걸 쏟아부은 인생
이제는 쉼으로 보내셔도 될 삶이건만
할아버지는 또다시 새 삶을 계획하신다

함께한 낡은 집 과감히 수리하신다
손주들을 생각한 집 짓기를 고집하신다
잔디밭, 이층집, 다락방, 시원한 통유리 창문

그 많던 농사, 수입을 생각하지 않으신다
손주들이 따 먹을, 손주들을 대접할 농사를 생각하신다
감자, 고구마, 완두콩, 옥수수

친구 같던 텃밭도 과감히 포기하신다
내 새끼들이 뛰어놀 놀이터로 바꿔버린다
나팔꽃, 봉숭아, 흔들의자, 작은 수영장

창고 자리엔 동물원이 들어선다
귀여운 동물들이 새 가족이 되었다
강아지, 고양이, 꽥꽥 오리, 하얀 토끼

많아야 일 년에 한두 번
길어야 몇 년 안 될 텐데도
손주들을 맞이할 마음으로만
새 삶을 꾸미신다

할아버지의 바보 같은 손주 사랑
할아버지의 커다란 새로운 꿈

신(新) 신토불이(身土不二)

우리 농산물만 팔겠습니다
우리 농산물을 애용합시다
우리 농산물이 우리 몸에 좋습니다
우리 상품은 국산 대표입니다

○○마트 마케팅 슬로건이다
농어촌의 주부가 바뀌었다
베트남댁,
중국댁,
필리핀댁,
러시아댁이
시장바구니에 담을 물건이 옹색하다

○○마트에서는 재빨리
다문화 가정주부를 위한
코너를 마련했다
모국의 농산물을 살 수 있도록

토종 주부들은
설명 없이는 손을 댈 수 없는
다국적 농산물들이 ○○마트에 늘어나고 있다

신토불이
시대적 안목으로 해석해야 한다

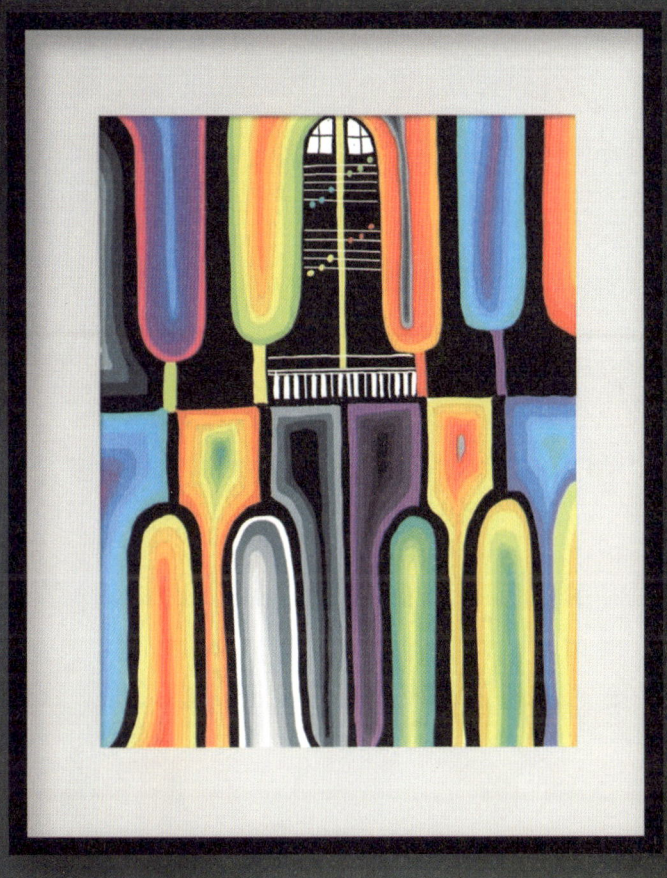

제6부 출석 체크

궁금증

휴일이다
가족과 함께 놀이공원에 갔다

참새들이 대나무 숲에서
반갑게 서로 아침 인사를 나눈다

"잘 잤니?"
"어젯밤에 안 추웠니?"
"오늘은 우리 저쪽 논에 가서 벼 이삭 알 주워 먹을까?"
"그래, 그래"

때마침,
공원에 놀러 온 아프리카 친구를 보았다

아프리카 말을 처음 듣는 나는
한국말을 전혀 모르는 아프리카 친구와는
서로 벙어리처럼 아무 말도 주고받을 수 없었다

만약,
한국 참새와 아프리카 참새가
처음 만난다면
서로 대화를 할 수 있을까?
우리처럼 얼굴만 바라보게 될까?

궁금하다

중2 수업 시간

한 시간 동안
학생들과 열심히 수업을 하였다

오늘 배운 내용에서
질문 있으면 해보세요!

선생님?
오늘 점심 메뉴가 뭐예요?

선생님?
선생님은 어떤 차를 타고 싶으세요?

선생님?
선생님은 몇 살 때 첫사랑 해보셨어요?

선생님?
BTS(방탄소년단)는 어디서 살아요?
얼마 벌어요?
누가 제일 좋으세요?

한 시간 내내 열심히 공부한 내용을 질문하는 학생은
한 명도 없다

새 친구

근무시간 내내
학교
잔디밭
향나무에
여러 새들이
바람을 피하고
그늘 휴식 겸
곧잘 놀러 온다
휘파람을 불며 나에게 아는 체를 하기도 한다

창밖
내 등 뒤에서
내 뒷모습도 훔쳐봤을 것이다

나는 뒤늦게 반가워 창문을 열면
화들짝 놀라며 날아가 버린다

흠-
친해지고 싶다
멀리서 찾아와

우리 학교에
우리 잔디밭에
우리 향나무에
내 창밖에
방문해 준
새들과 친해지고 싶은데
어떻게 하면 좋을까?

내일 아침엔
창턱에
예쁜 모이 그릇을 놔두고
맛있는 새 먹이를 담아두고

나는 새들과
새들은 나와
더 가까워질 수 있도록
해야겠다

아마,
나의 식구가
나의 친구가
하나 더 생길 것이다

새 친구

제일 하기 싫은 숙제

초등학교 시절
봄이나 가을에
대변 제출 숙제가 있었다
기생충 감염 여부를 검사하는 숙제였다
다른 숙제도 하기 싫었지만
대변 검사 숙제는 우리들의 가장 큰 스트레스였다

신문지를 깔고 용무를 마친 다음
성냥개비나 작은 막대기를 잘 다루어야 했다
손에 묻지 않도록 고난도의 기술이 필요했다
비닐봉지 속에 밥알보다 조금 크게 넣어야 한다는 주의 사항
촛불로 비닐 끝을 그을려 붙이거나 실로 단단히 묶어야 하고
노란색 채변 봉투에 넣어 입구를 밥풀로 붙이는 곤혹스러운 작업
학교, 학년 반, 이름 등을 적어 선생님께 내면 되었다

그 숙제가 정말 하기 싫거나 깜빡한 친구는
짝꿍과 모의를 꾸미기도 한다
모종의 협상 후, 장물을 반반 나누었고
어떤 친구는 처음부터 대변이 아닌
대변 비슷한 음식을 제출하기도 했다

결과가 나왔을 때도 재미있는 광경이 벌어지기도 한다
친구의 것을 둘이서 나눠 냈는데
친구는 기생충이 없고
나에게는 기생충이 있는 의외의 결과도 있다
가짜 똥을 제출한 학생에겐 엄한 꾸중과 재제출 처분도 있었다

기생충 감염 학생에게는
작은 손바닥에 한 주먹씩
하얀 구충제가 주어지고
반 친구들이 다 보는 앞에서
여러 번 나누어 확실하게 약을 먹어야 했다

요즈음엔
대변 제출 숙제가 없고
매일매일 있었던
과목별 숙제도 없다

숙제가 없어 학교생활이 편할 것도 같은데
그래도 학생들에겐 나름대로의
고민거리가 많다고 학생들은
교실이 떠나가도록 외친다

삽카이 콩콩

어린 시절
초등학교 땐가
중학교 땐가
삽을 들고 학교에 가는 날도 있었다

쉬는 시간
위험한 삽도 놀이 기구로 만드는
창의력이 톡톡 튀는 우리들이었다

스카이 콩콩처럼
많은 아이들이 운동장에서
삽을 타며 놀곤 했었다

하나, 둘, 셋, 넷……
누가 많이 뛰나 시합도 벌였다

개인 운동도 되고
단체 놀이도 되는
삽카이 콩콩

운동 신경이 좋아
점프 횟수가 가장 많은 친구는
그날 우리들의 '짱'이 되었고
그 친구는
어깨를 으쓱거리며 한동안 뻐기고 다녔다

※ 삽카이 콩콩: '삽 + 스카이 콩콩' 합성 조어

마음 그릇

저수지 얼음길
온 신경을 쓰면서
한 발 한 발
조심스럽게 걷는다
한 번 깨지면 목숨까지도 위험하다

유리잔
부딪히지 않게
넘어지지 않게
소중히 다룬다
예쁘고 아름답지만 쉽게 깨질 수 있다

계란
일단 깨지면 난감하다
버리거나
한 생명이 없어지기도 한다

항아리
짧게는 일 년
수십 년 된 종갓집 항아리
간장, 고추장, 된장, 김치가 담긴 항아리
보배 단지다
실수로 깨진다면 큰 문젯거리가 된다

이렇듯
금 갈세라
깨질세라
매사에 조심조심하며 살면서도

사람의 마음
아랑곳하지 않고 편히 산다
살얼음보다 더 깨지기 쉬운 그릇인데도……

어감 소견(語感 所見)

무!
뭐?
무!
무슨 말이야?

무시
시골 총각 장딴지처럼 굵고 못생긴
시골 밭두렁 싱싱한 야채

자장면
새내기 요리사가 대충 만든
왠지 맛이 별로일 것 같은
밍밍한 요리?

짜장면
가게는 작고 오래된 집이지만
동네 사람들 모두가 찾아가는
냄새만 맡아도 군침 도는
중국집 대표 요리?

고막
귓속에 있는 것?
유전자 조작으로
새로 개발한 바다 양식 품종?

꼬막
짱뚱어의 비린내가 배어 있는
뻘 배를 타고 바다에 나가 캔
짭조름하고 속이 탱탱한
벌교 시장에 쌓여 있는
입맛 돋우는 남해안 특산물?

시골 학교 꽃

우리 학교는
우리나라 가장 남쪽
바닷가 시골 학교입니다

옛날에는
운동회 때 운동장이 비좁더니
이젠 전교생이 나와도
운동장이 아주 여유롭습니다

아이들이 차지해야 할 빈자리
꽃들이 몽땅 차지하고 있습니다

봄이면
개나리, 진달래
자태가 화사한 살구꽃이 핍니다
학교에 불을 밝힌 듯 교정이 밝아집니다

여름이면
백일홍과 봉선화
부지런하고 호기심 많은 나팔꽃
무슨 수업하는지
누가 졸지나 않는지 구경하느라
위험을 무릅쓰고 외줄 타고 2층까지 올라갑니다

가을이면
국화와 코스모스
학교로 이어진 논둑마다 도라지꽃이 핍니다
학교를 둘러싼 단감나무들은 학생들의 눈독에 매일 위태위태합니다

겨울이면
수선화와 매화
동백꽃 학교를 지키고 있습니다
눈 내리는 날이면
나무마다 눈꽃이 피어
최고로 아름다운 학교로 변하게 됩니다

아 참!
교실에도 꽃이 핍니다
일 년 내내

순박하고 지지 않는
선생님의 재미있는 이야기꽃
아이들의 해맑은 웃음꽃

시골 학교를 매일 환하게 만들어 줍니다

출석 체크

1학년 결석생 있나요?
2학년은?
3학년은?
매일 아침 결석생 여부를 확인한다

호우 피해와
코로나로 결석생이 있기도 하기 때문이다
그러고 나선
운동장에 나가
또 결석생 여부를 확인한다

마리골드
장미
수국
송엽국
범부채
금계국……
모두 출석이다

그런데 오늘 전학생이 한 명 있다
여리고 키가 큰 부용화 양이
우리 학교에 전학을 왔다
섬세하고 얼굴이 곱게 생긴 학생이다
새 친구가 와서 반갑다

우리 학교는
계절마다 어김없이
전학을 가고 전학을 오는 학생들이 많은
아름다운 시골 학교다

역시 수학은 어려워

'1 + 1 = 2'가 아닙니다
'1 + 1 = 화장지'입니다

'2 + 1 = 3'이 아닙니다
'2 + 1 = 햇반'입니다

'3 + 1 = 4'가 아닙니다
'3 + 1 = 타이어'입니다

'4 + 1 = 5'가 아닙니다
'4 + 1 = 크림 단팥빵'입니다

제7부 염려하지 말라

소망

2021년 새해

티끌 하나, 먼지 하나
묻어 있지 않은 365일

그 하루하루를
잘 쓰다가
잘 살다가
깨끗하게
그대로 돌려드리게 하소서

365일 매일매일
주님과 같이 걸은 발자국이
있었으면 좋겠습니다

하루하루
받은 그대로
드리게 하소서
한번 얼룩지면
한번 더럽혀지면

지우개로도
비누로도
지울 수 없는 자국

조심스럽게
소중하게
잘 쓰다가
받은 대로
드리게 하소서

깨끗하게 받았으니
깨끗하게 드리게 하소서

받은 대로
그대로

2021.01.01.

어느 노인의 뒷모습을 보면서

아침 이른 마당
좁쌀처럼 작은 새들이 고운 지저귐이
들리지 않을 때가 올 수도 있습니다

봄날 양지 녘
하찮아 보이는 노란 민들레꽃도
보지 못할 때가 올 수도 있습니다

평생 불러서 가슴에 진하게 새겨진
가족 이름, 친구 이름들
내 목소리로 소리 내어 부르지 못할 날이 올 수도 있습니다

어디서나
거저 얻어먹을 수 있는 냉수 한 바가지도
벌컥벌컥 들이켤 수 없는 날이 올 수도 있습니다

날마다 대하던 커피
셀 수 없이 만졌던 문고리
그것조차 잡지 못할 날이 올 수도 있습니다

평소 늘 다녔던
눈을 감고 걸어도 갈 수 있었던 마실 길
그 짧은 길도 걷지 못할 날이 올 수도 있습니다

마음먹은 대로
생각대로 할 수 있었던 크고 작은 일들마저
손끝 하나 까닥하지 못하는 날이 올 수도 있습니다

지금
잘 듣고
잘 보며
상대의 눈동자를 보며 말하는 시간을 가지세요

불평하지 말고 먹고
모든 것들 따듯한 손길로 만지고
반듯한 길을 걸으세요

만나는 사람들 모두
가슴에 사랑의 씨앗을
정성스레 한 알 한 알
심으세요

미루지 마세요
오늘부터
지금부터
심으며 사세요

염려하지 마라

오늘 저녁은 뭐 먹지?

애호박 넣고 된장국 끓여 먹을까?
귀찮으니깐 중국집 짜장면이나 시켜 먹을까?
아니면,
피자? 햄버거? 통닭?
행복한 고민이다

소한(小寒)이다
예쁘기도 하고 징그럽기도 한 모습의 점박이 무당벌레
수풀 속을 장군처럼 늠름하게 행진하던 장수풍뎅이
이 겨울에 어디서 무얼 하며 살고 있을까?

텅 빈 논바닥을 이리저리 몰려다니는 까마귀 떼
산에서 줄곧 내려와 농작물 훔쳐 먹던
고라니와 멧돼지
이 추위에 끼니나 제대로 챙겨 먹고 있을까?

무엇보다
긴 코로나로 생계의 문을 닫고 사는 사람들이
계속 늘어나 큰일이다
식당, 학원, 구멍가게, 프리랜서와 무명 가수들

다 무너지는 것은 아닐까?
다 없어지는 것은 아닐까?
다 잃게 되는 것은 아닐까?

걱정도 되고
절망도 밀려온다

공중 나는 새를 보라
하물며 너희일까 보냐?
염려하지 마라!
말씀하셨지마는

믿음이 약해
오늘도 저는 마음이 심하게 흔들립니다

하루의 시작은 무엇일까

하루의 시작은 무엇일까?
밤새 반짝이던 별빛들이 각자 자기 집 찾아 돌아갈 때
밤새 아침만을 기다린 새벽닭 울음소리가 들려올 때
먼 산 여명이 동네 산자락에 은은히 퍼질 때
눈부신 해가 검은빛 바닷속에서 박차고 나올 때

하루의 시작은 무엇일까?
경건한 새벽에 일어나 무릎 꿇고 고개 숙인 기도의 시간
동트기 전 달리는 새벽 운동 시간
알람 시계가 천지를 진동하는 시간
싸리비 들고 골목길을 청소하는 시간

하루의 시작은 무엇일까?
빠져나오기 힘든 침대 속에서 기침 기지개를 켜면서
맛이 진한 모닝커피를 마시면서
다이어리를 펼치고 하루 일과를 계획하면서
아침에 만나는 사람마다 웃음 인사를 나누면서

하루의 시작은
이 모든 것들에 대해
감사하는 마음을 가지는 것이다

예배당 난초꽃

햇빛 들 리도 없고
나비 찾아올 일도 없고
흠뻑 비 맞을 일도 없고
넓은 대지에 뿌리 내릴 일도 없는데

예배당 안 예쁜 난초꽃은
무슨 소망이 있을까?
무슨 기쁨이 있을까?

오늘도 말없이
그 화려한 모습을 잃지 않고
활짝 웃고 있다

소명자

아찔하게 높은 허공에 사다리도 없이 올라가
오늘도 나무와 나무 사이에 놓여진
외줄 타기를 한다

작은 바람에도 흔들거리는 생명의 외줄
작은 바람에도 휘청거리는 연약한 몸뚱이를
붙잡아 줄 부채도 없이
찢어지는 발을 보호할 가죽 신발도 없이
한 걸음씩 한 걸음씩 조심조심 걷는다

관객도 없고 환호도 없다
알아주는 이도 없다
눈물 나도록 외롭고 무서운 길
하지만
웃으며 가야만 하는 길

거친 바람이 불어도
차가운 비가 내려도
거미는 간다
외줄을 탄다
명주실보다도 연약하고 좁은 길

멀어도
위험해도
현기증이 나고
목숨이 위태로울지라도
정신 바짝 차리고
외길을 걷는다
외줄 타기를 한다

아침 햇살이 비칠 때
외줄은 수정처럼 빛나는 보석 길이 된다
거미는 순례자처럼 걷는다
눈부신 보석 길

가장 소중한 시간

세상으로 나가 하루 사는 시간

출퇴근 시간 1시간 30분
업무 보는 시간 8시간
세끼 식사 시간 1시간 30분
운동 시간 1시간
가사 시간 2시간
여가 시간 2시간

독서 시간 1시간
수면 시간 7시간
그리고 틈날 때마다
커피 마시는 시간 잠깐
유튜브 검색 시간 잠깐
대략 하루 24시간을 이렇게 보낸다

하루 1시간은 24시간 중 4%의 시간
이 시간을 만들어야 한다

이 시간에
세상의 문을 닫고
나 홀로 말씀과 기도와 찬송으로
사람이 아닌
하나님을 만나는 시간

하루 중
누구에게나
가장 필요하고 소중한 시간이다

나는 악기 연주자

심포니 오케스트라의 명곡이 연주될 때
가슴을 쥐락펴락하는 수많은 악기들의 움직임

피콜로, 플루트, 오보에
호른, 트롬본, 튜바
비올라, 콘트라베이스, 팀파니 등
악기 이름만 들어도
가슴이 콩닥거리고
눈이 휘둥그레진다

온갖 악기가 다 동원된 웅장한 오케스트라의 연주는
어느 감동과 비교할 수 없는
평생 잊지 못할 감격을 주기도 한다

나는 삶에서 하나의 악기다
나는 어떤 악기일까?
오늘도 나는
나의 악기를 연주하며 산다

어떤 노래로 남을 행복하게 할까?
어떤 곡조로 세상을 아름답게 할까?
어떤 연주로 하나님을 기쁘시게 할까?

오늘 나의 말은 노래가 되고
오늘 나의 발걸음은 춤이 되고
오늘 나의 생각과 마음은 찬송과 기도가 되는
오케스트라 연주자의 하루로 살아야겠다

공중 나는 새

학교에 다니는 것도 아니고
농사를 짓는 것도 아니고
직장에 다니는 것도 아니면서도

병원이 있는 것도 아니고
생명 보험 하나 있지도 않고
집이라도 제대로 있는 것도 아닌데도

날마다 즐겁게 노래하며
밝게 사는 시골 딱새는
참말로 나보다 믿음이 훨씬 크다

소명(召命)

불을 켜면 더 하얗게 빛나는 촛불
작지만 큰 힘이 있다

자기가 서 있는 곳만큼은
환하게 구석까지 힘써 밝힌다

축복된 결혼식장에서도
깜깜한 동굴 속에서도

어둠을 쫓아낸다
세상을 밝혀준다
길을 보여준다

하얀 촛불
어디든 가리지 않고
작지만
생명이 다할 때까지
어둠을 몰아내고
환하게 밝히는

단 한 가지
소명을 받들며 산다

시인의 말

가을이다.

먼지 하나 없는 깨끗하고 멋진 하늘이다.
눈길 가는 곳마다
꽃으로 열매로 곡식으로 넘치는 풍요로운 시골이다.

학교와 시골 풍경은 늘 나에게 말을 걸어온다.

친구다.
스승이 되기도 한다.
나로 하여금 사색과 반성의 시간을 주기도 한다.
시골은 남들에게 나서거나 우쭐대지 않지만
있는 그대로가 아름답고 순수하다.

그래서 좋다.
흐트러질 수 있을 때
방향을 잃을 수도 있는 삶에 길이 되어준다.
시골길을 걸으며 그때마다 떠오른 생각을 그대로 적은 것들일 뿐이다.

내놓기 부끄러운 글들이 매우 많지만
나 역시 시골처럼 꾸밈없이 그대로 시집으로 엮는 용기를 내었다.

나는 행복하다.
시골에서
학교에서
소박한 자연에서 사는 삶이 감사하고
이 모든 것들을 허락하신 하나님께 감사한 마음뿐이다.

2022. 3. 2.